BEI GRIN MACHT SICH IHR WISSEN BEZAHLT

- Wir veröffentlichen Ihre Hausarbeit, Bachelor- und Masterarbeit

- Ihr eigenes eBook und Buch - weltweit in allen wichtigen Shops

- Verdienen Sie an jedem Verkauf

Jetzt bei www.GRIN.com hochladen und kostenlos publizieren

Bibliografische Information der Deutschen Nationalbibliothek:

Die Deutsche Bibliothek verzeichnet diese Publikation in der Deutschen National-
bibliografie; detaillierte bibliografische Daten sind im Internet über http://dnb.d-
nb.de/ abrufbar.

Impressum:

Copyright © 2018 GRIN Verlag
Druck und Bindung: Books on Demand GmbH, Norderstedt Germany
ISBN: 9783668731882

Dieses Buch bei GRIN:

https://www.grin.com/document/429479

Lion Beständig

Koordination- und Beweglichkeitstraining. Erstellen eines Trainingsplans anhand eines Praxisbeispiels

GRIN Verlag

GRIN - Your knowledge has value

Der GRIN Verlag publiziert seit 1998 wissenschaftliche Arbeiten von Studenten, Hochschullehrern und anderen Akademikern als eBook und gedrucktes Buch. Die Verlagswebsite www.grin.com ist die ideale Plattform zur Veröffentlichung von Hausarbeiten, Abschlussarbeiten, wissenschaftlichen Aufsätzen, Dissertationen und Fachbüchern.

Deutsche Hochschule für
Prävention und Gesundheitsmanagement
Hermann Neuberger Sportschule 3
66123 Saarbrücken

Einsendeaufgabe

Fachmodul:	Trainingslehre III
Studiengang:	Fitnessökonomie (BFÖ)
Datum Präsenzphase:	02.05.18 – 04.05.18

Name, Vorname:	Beständig, Lion
Studienort:	Stuttgart
Semester:	SS16

Inhaltsverzeichnis

1 Personendaten

Bei einer ausführlichen Anamnese wurden die wichtigsten Allgemeinen Daten erhoben und in der nachfolgenden Tabelle festgehalten.

Tabelle 1: Allgemeine Daten der Person

Alter	22 Jahre
Geschlecht	Männlich
Körpergröße in Zentimeter (cm)	177cm
Gewicht in Kilogramm (kg)	70kg
Trainingsmotiv	- Verbesserung der regelmäßig auftretenden Rückenschmerzen - Verbesserung der Verspannungen im LWS-Bereich - eine allgemeine Verbesserung der Beweglichkeit/Koordination - Stabilisierung des Kniegelenkes
Berufliche Tätigkeit	Büroangestellter
Frühere Sportliche Aktivitäten	Regelmäßiges Fußballspielen im Verein (1-2-mal die Woche)
Aktuelle Sportliche Aktivitäten	Seit 2 Jahren regelmäßiges Kraft-/Ausdauertraining (Ganzkörper), 2-mal die Woche für jeweils 90min nach Trainingsplan.
Zeitlicher Verfügbarkeitsrahmen	Neben dem Kraft-/Ausdauertraining hat der Proband einen zusätzlichen zeitlichen Verfügbarkeitsrahmen von 2-3-mal die Woche für jeweils maximal 60min.
Leistungsstufe	Fortgeschrittener nach ILB-Grobraster zur Trainingsplanung (Def. Fortgeschrittener mit einer Trainingserfahrung von mehr als 12 Monaten)
Allgemeiner Gesundheitszustand	Die Testperson hat weder orthopädische noch internistische Probleme und befindet sich nicht in ärztlicher Behandlung oder nimmt Medikamente, die die Trainierbarkeit einschränken könnten. Es besteht somit keine Einschränkungen hinsichtlich der Belastbarkeit der Person sowie dessen Trainierbarkeit.

Um einen optimale Trainierbarkeit festzustellen werden noch biometrischen Daten benötigt. Damit diese so genau wie möglich sind wurden sie Vorort anhand von verschiedenen Eingangstests ermittelt und in der nachfolgenden Tabelle aufgelistet.

Tabelle 2: Biometrische Daten der Person

Eingangstest	Gemessene Werte	Normwerte	Beurteilung
Blutdruck (gemessen mithilfe eines Blutdruckmessgerätes)	Systolisch: 121mmHg Diastolisch: 82mmHg	Normale Blutdruckwerte laut der WHO zwischen 120-129 systolisch und 80-84 diastolisch	Der Gemessene Wert der Testperson liegt innerhalb der Normwerte und gehört somit in die Bewertungsstufe normaler Blutdruck
Ruhepuls (gemessen mithilfe eines elektronischen Pulsmessgerätes)	61 Schläge pro Minute	Ein Normaler Ruhepuls liegt laut der WHO bei 60 bis 80 Schlägen pro Minute	Der Gemessene Wert der Testperson liegt an der unteren Grenze der Normwerte der WHO, was an der sportlichen Aktivität liegt die er schon länger ausübt
Body-Mass-Index = BMI (gemessen nach der Formel Masse Gewicht in kg * Körpergröße in m²)	22,3	Ein Normaler BMI liegt laut WHO beim Mann zwischen 18,5 – 24,9	Der Gemessene Wert von 22,3 liegt genau im Normwert und somit im Normalbereich
Körperfettanteil in Prozent % (gemessen mithilfe einer Analysewaage InBody)	12%	Ein Normaler Körperfettanteil beim 22-Jährigem Mann liegt bei 8 - 20%	Der Gemessene Wert von 12% liegt im Normalbereich (Gallangher et al., 2000)

Anhand der Allgemeinen und biometrischen Daten der Testperson gibt es keine gesundheitlichen Einschränkungen hinsichtlich der Belastbarkeit bzw. Trainierbarkeit.

2 Beweglichkeitstestung

2.1 Muskelfunktionstest nach Janda (2000)

Die Beweglichkeit des Gelenkes wird über das maximale Ausmaß des Gelenkwinkes gemessen. Diese Amplitude ist in der Regel über die maximale Schmerztoleranz der Person festzustellen. Da diese jedoch sehr individuell ausgelegt werden kann, wurde in der nachfolgenden Tabelle ein Muskelfunktionstest nach Janda (2000), zur feststellung von Beweglichkeitsdefiziten und Muskelschwächen angewand.

Dabei werden folgende Muskelgruppen manuell getestet:

- M. pectoralis major (Großer Brustmuskel)
- M. iliopsoas (Hüftbeugemuskulatur)
- M. rectus femoris (Kniestreckmuskulatur)
- Mm. ischiocrurales (Kniebeugemuskulatur)
- Mm. triceps surae (Wadenmuskulatur)

Tabelle 3: Beweglichkeitstest nach Janda (2000)

Testübung	Testausführung	Richtwerte	Ergebnis
M. pectoralis major	Die Testperson nimmt auf einer Behandlungsliege (oder ähnlichem) eine Rückenlage ein. Zur Beckenfixierung sind die Beine angewinkelt und die Füße stehen auf der Behandlungsliege. Ebenfalls soll die Testperson die Bauchmuskulatur zur Stabilisierung des LWS-Bereichs anspannen. Durch einen leichten Zug mit der Hand auf der zu testenden Brust fixiert der Tester den Thorax, wichtig ist hierbei kein Druck auszuüben. Der Ellenbogen liegt auf Schulterhöhe (Kann vom Tester Anfangs ein wenig gestützt werden) und wird in einem 90° Winkel gebeugt. Wichtig ist hier, dass das Abheben des Beckens oder eine Hyperlordose im LWS das Testergebnis verfälscht. Nun erfolgt eine Außenrotation im Schulter- und Ellenbogengelenk, soweit wie es der Testperson ohne fremde Einwirkungen möglich ist (Janda, 2000, S. 270).	**Stufe 0 =** Kein Beweglichkeitsdefizit; Oberarm erreicht die Horizontale ohne fremde Einwirkungen (Janda, 2000, S. 271) **Stufe 1 =** Leichtes Beweglichkeitsdefizit; Oberarm erreicht erst durch Druck des Testers die Horizontale (Janda, 2000, S. 271) **Stufe 2 =** Deutliches Beweglichkeitsdefizit; Oberarm erreicht selbst durch Druck des Testers die Horizontale nicht (Janda, 2000, S. 271)	Rechts: Stufe 1 Links: Stufe 1
M. iliopsoas	Die Testperson nimmt auf einer Behandlungsliege (oder ähnlichem) eine Rückenlage ein, wobei das Gesäß mit dem Rand der Liege abschließt. Beide Beine befinden sich erstmal im Überhang. Die Testperson zieht ein Knie mithilfe der Arme so weit wie möglich zum Oberkörper ran, das andere Bein verbleibt im Überhang. Wichtig ist hier, dass das Abheben des Beckens oder eine Hyperlordose im LWS das Testergebnis verfälscht. Der Tester kann nun die Flexion der Hüfte des freien Beines beobachten (Janda, 2000, S. 258).	**Stufe 0 =** Kein Beweglichkeitsdefizit; Oberschenkel erreicht die Horizontale ohne fremde Einwirkungen (Janda, 2000, S. 259) **Stufe 1 =** Leichtes Beweglichkeitsdefizit; Oberschenkel erreicht erst durch Druck des Testers die Horizontale (Janda, 2000, S. 259) **Stufe 2 =** Deutliches Beweglichkeitsdefizit; Oberschenkel erreicht selbst durch Druck des Testers die Horizontale nicht (Janda, 2000, S. 259)	Rechts: Stufe 2 Links: Stufe 2
M. rectus femoris	Die Testperson nimmt auf einer Behandlungsliege (oder ähnlichem) eine Rückenlage ein, wobei das Gesäß mit dem Rand der Liege abschließt. Beide Beine befinden sich erstmal im Überhang. Die Testperson zieht ein Knie mithilfe der Arme so weit wie möglich zum Oberkörper ran, das andere Bein wird vom Tester in einem maximal möglichen Hüftextensionswinkel fixiert. Das fixierte Bein wird nun langsam durch den Tester in einen maximal möglichen Kniebeugewinkel gebracht.	**Stufe 0 =** Kein Beweglichkeitsdefizit; Unterschenkel hängt senkrecht herab ohne fremde Einwirkungen (Janda, 2000, S. 259) **Stufe 1 =** Leichtes Beweglichkeitsdefizit; Unterschenkel erreicht erst durch Druck des Testers die senkrechte bzw. 90° (Janda, 2000, S. 259)	Rechts: Stufe 0 Links: Stufe 0

Testübung	Testausführung	Richtwerte	Ergebnis
	Wichtig ist hier, dass das Abheben des Beckens oder eine Hyperlordose im LWS das Testergebnis verfälscht. Der Tester kann nun den Winkel zwischen Ober- und Unterschenkel bestimmen (Janda, 2000, S. 258).	**Stufe 2** = Deutliches Beweglichkeitsdefizit; Unterschenkel erreicht selbst durch Druck des Testers nicht die senkrechte bzw. 90° (Janda, 2000, S. 259)	
Mm. ischio-crurales	Die Testperson nimmt auf einer Behandlungsliege (oder ähnlichem) eine Rückenlage ein, wobei das nicht getestete Bein im angewinkelten Zustand abgesetzt wird (Beugung im Knie und Hüfte). Die Arme liegen neben dem Oberkörper auf der Liege auf. Das getestete Bein wird im vollkommen gestrecktem Zustand vom Tester in eine maximal mögliche Flexion der Hüfte geführt, wobei die Kniescheibe (Patella) von der Fixierung frei bleibt.	**Stufe 0** = Kein Beweglichkeitsdefizit; Hüftflexion im Ausmaß von 90° möglich (Janda, 2000, S. 262)

Stufe 1 = Leichtes Beweglichkeitsdefizit; Hüftflexion im Ausmaß von 80 - 90° möglich (Janda, 2000, S. 262)

Stufe 2 = Deutliches Beweglichkeitsdefizit; Hüftflexion nur unter 80° möglich (Janda, 2000, S. 262) | Rechts: Stufe 0

Links: Stufe 0 |
| | Wichtig ist hier, dass das Abheben des Beckens oder eine Hyperlordose im LWS das Testergebnis verfälscht und das Kniegelenk dauerhaft gestreckt bleiben muss. Nun kann der Tester den Winkel zwischen Beinachse und Longitudinalachse (Hüftbeugewinkel) bestimmen. | | |
| **Mm. triceps surae** | Die Testperson nimmt auf einer Behandlungsliege (oder ähnlichem) eine Rückenlage ein, wobei das nicht getestete Bein im angewinkelten Zustand abgesetzt wird (Beugung im Knie und Hüfte). Das getestete Bein ist gestreckt. Optimalerweise werden bei dieser Testung die Schuhe ausgezogen, um eine möglichst genau Messung zu machen. Der Tester greift nun das Fersenbein mit einer, und den Fuß von der Fußaußenkante her mit der anderen Hand. Mit der einen Hand wird die Ferse nun vom Tester leicht vom Körper weggezogen und mit dem Daumen der anderen Hand der Vorfuß leicht zum Schienbein hingedrückt (Dorsalextension Sprunggelenk). | **Stufe 0** = Kein Beweglichkeitsdefizit; Dorsalextension bis 0°-Stellung möglich (Janda, 2000, S. 255)

Stufe 1 = Leichtes Beweglichkeitsdefizit; Dorsalextension zwar möglich, jedoch nicht bis zur 0°-Stellung (Janda, 2000, S. 255)

Stufe 2 = Deutliches Beweglichkeitsdefizit; Dorsalextension nur bis 10° unter 0°-Stellung möglich (Janda, 2000, S. 255) | Rechts Gastrocnemius: Stufe 0

Links Gastrocnemius: Stufe 0

Rechts soleus: Stufe 0

Links soleus: Stufe 0 |
| | Wichtig ist hier, dass der Druck vom Daumen ausschließlich am äußeren Fußrand erfolgt, da ein drücken in der Fußmitte zu einem anspannen des Mm. triceps surae und somit zu verfälschten Ergebnissen führen kann.

Um nun zusätzlich noch isoliert den M. soleus zu testen, wird nach Erreichen der maximalen Dorsalextension das Kniegelenk gebeugt und das Bewegungsausmaß vom Tester vergrößert. | | |

2.2 Bewertung des Muskelfunktionstests nach Janda (2000)

Der Muskelfunktionstest nach Janda (2000) hat bei der Testperson im M. iliopsoas ein deutliches Bewegungsdefizit (Stufe 2) aufgezeigt. Dies ist vermutlich auf das regelmä-ßige Fußballtraining (1-2-mal die Woche) über mehrere Jahre zurückzuführen. Denn ein Schuss im Fußball wird durch die Flexion der Hüfte und somit des M. iliopsoas ausge-führt. Selten wird der M. iliopsoas auch in die maximale Hüftextension gebracht, was zu einer Dysfunktion innerhalb des Hüftbeugers führen kann, da somit nicht der maximale Bewegungsspielraum der Hüfte ausgeschöpft wird. Die Probleme im LWS-Bereich die der Proband im Eingangsgespräch schilderte sind womöglich auf die Dysfunktion des M. iliopsoas zurückzuführen, denn dieser stabilisiert den LWS-Bereich (Kempf, 2014). Ist dieser „zu kurz" zieht er die lumbalen Segmente nach vorne und es entsteht eine Überextension im unteren Rücken, was auf Dauer schmerzen verursacht.

Im M. pectoralis major hat die Testperson nach dem Muskelfunktionstest nach Janda (2000) ein leichtes Bewegungsdefizit (Stufe 1). Diese Dysfunktion kommt häufig bei zu viel PC-Arbeit vor und sorgt wie bei der Testperson für Schmerzen im oberen Rücken-bereich. Als Büroangestellter sitzt die Testperson länger am Stück vor dem Laptop mit eingedrehtem Schultergürtel. Somit sollte der M. pectoralis major wieder in die ur-sprüngliche Länge gedehnt werden damit nicht noch größere Gesundheitliche Ein-schränkungen wie Kurzatmigkeit oder ein extremer Rundrücken entsteht.

M. rectus femoris, Mm. ischiocrurales und Mm. triceps surae (gastrocnemius und sole-us) sind im Bewegungsumfang weder eingeschränkt noch weisen sie Defizite auf.

3 Trainingsplanung – Beweglichkeitstraining

3.1 Makrozyklus Dehntraining

Auf Grundlage des Muskelfunktionstests in Aufgabe 2 und der Personendaten enthält die nachfolgende Tabelle ein Beweglichkeitstraining im Sinne eines Dehnprogrammes. Dabei ist die Trainingshäufigkeit auf 2-3-mal die Woche ausgelegt.

Tabelle 4: Beweglichkeitstraining im Sinne eines Dehnprogrammes

Dehnung der Nackenmuskulatur im Stand				
M. trapezius pars descendens (oberer Anteil Trapenzmuskel)				
Dehnform: aktiv	**Arbeitsweise:** dynamisch	**Sätze:** 3	**Dauer:** 45s **Pause:** 45s	**Intensität:** bis zur Dehnschwelle

Ausgangsstellung:
Die Ausgangsstellung ist ein Hüftbreiter stabiler Stand. Der Rumpf wird mit anspannen der Bauchmuskulatur stabilisiert und der Kopf wird zur Seite geneigt, wobei der Blick nach vorne gerichtet ist. Das Brustbein ist aufgerichtet und die Schultern drehen leicht nach außen.
Bewegungsablauf:
Die Dehnposition wird durch aktives nach unten ziehen der gegenüberliegenden Seite zur Kopfneigung erreicht. Die Dehnposition wird nun wieder durch nach oben ziehen der Schulter verlassen. Der Vorgang wird durch kontrollierte Bewegungen wiederholt bis die 30s erreicht sind. Beim Verlassen der Dehnung sollte zuerst die Schulter nach oben anzuheben und dann den Kopf wieder in die Senkrechte zu bringen.
Ein Satz ist mit der Dehnung von linker und rechter Seite abgeschlossen.

Dehnung der hinteren Schultermuskulatur im Stand				
M. deltoideus pars spinata (hinterer Anteil Deltamuskel), Mm.rhomboidei (Rautenmuskel), M. trapezius pars transversa (mittlerer Anteil Trapezmuskel)				
Dehnform: passiv	**Arbeitsweise:** statisch	**Sätze:** 3	**Dauer:** 45s **Pause:** 45s	**Intensität:** bis zur Dehnschwelle

Ausgangsstellung:
Die Ausgangsstellung ist ein Hüftbreiter stabiler Stand. Der Rumpf wird mit anspannen der Bauchmuskulatur stabilisiert und der Blick ist gerade nach vorne gerichtet. Das Brustbein wird aufgerichtet und der zu dehnende Arm wird waagerecht vor der Brust, auf Schulterhöhe gehalten. Die Hand liegt oberhalb der anderen Schulterseite.
Bewegungsablauf:
Die Dehnposition wird durch langsames schieben des Oberarms mit der freien Hand am Ellenbogen zur Brust eingenommen. Wichtig ist hierbei das der Oberarm weder nach oben noch nach unten abweicht. Diese Position wird gehalten.
Ein Satz ist mit der Dehnung von linker und rechter Seite abgeschlossen.

Dehnung der Brustmuskulatur im Stand				
M. pectoralis major (Großer Brustmuskel), M. biceps brachii (Zweiköpfiger Oberarmmuskel), M. deltoideus pars clavicularis (vorderer Anteil Deltamuskel)				
Dehnform: aktiv	**Arbeitsweise:** dynamisch	**Sätze:** 3	**Dauer:** 45s **Pause:** 45s	**Intensität:** bis zur Dehngrenze

Ausgangsstellung:
Die Ausgangsstellung ist ein Hüftbreiter stabiler Stand. Der Rumpf wird mit anspannen der Bauchmuskulatur stabilisiert und der Blick ist gerade nach vorne gerichtet. Das Brustbein wird aufgerichtet und die Schultern hängen tief. Die Hände werden hinter dem Körper verschränkt, wobei die Handflächen nach hinten zeigen.
Bewegungsablauf:
Die Dehnposition wird durch ein aktives anheben der gestreckten Arme nach oben erreicht. Wichtig ist hierbei das sich die Position des Oberkörpers und der Schultern nicht verändert und die Dehnung in einem moderaten Tempo vollzogen wird. Die Arme werden nun wieder langsam abgesenkt und der Bewegungsablauf wiederholt sich.

Dehnung der Brustmuskulatur in Rücklage

M. pectoralis major (Großer Brustmuskel), M. deltoideus pars clavicularis (vorderer Anteil Deltamuskel)

| Dehnform: passiv | Arbeitsweise: statisch | Sätze: 3 | Dauer: 45s | Intensität: bis zur |
| | | | Pause: 45s | Dehnschwelle |

Ausgangsstellung:
Die Ausgangsstellung ist die Rückenlage auf einer Gymnastikmatte mit angewinkelten Beinen. Zur Stabilisierung des Beckens wird die Bauchmuskulatur angespannt. Der nicht zu dehnende Arm liegt auf der zu dehnenden Brust und übt einen leichten Zug in Richtung Sternum aus. Der Arm der zu dehnenden Brust wird in einem 90° im Ellenbogengelenk fixiert.

Bewegungsablauf:
Die Dehnposition wird durch ablegen des im 90° angewinkelten Oberarms erreicht. Wichtig ist hierbei das Ellenbogen, Oberarm sowie Handrücken auf der Matte abgelegt werden. Die Dehnung muss ggf. durch eine leicht erhöhte Fläche (Dickere Matte) vergrößert werden, da der Oberarm nun unter die Horizontale gedehnt werden kann.
Ein Satz ist mit der Dehnung von linker und rechter Seite abgeschlossen.

Dehnung der Brustmuskulatur gegen die Wand

M. pectoralis major (Großer Brustmuskel), M. deltoideus pars clavicularis (vorderer Anteil Deltamuskel)

| Dehnform: passiv | Arbeitsweise: post-isometrisch | Sätze: 3 | Dauer: 60s | Intensität: maximale |
| | | | Pause: 60s | Bewegungsreichweite |

Ausgangsstellung:
Die Ausgangsstellung ist ein stabiler Ausfallschritt mit leicht gebeugten Knien, seitlich mit einer Oberarmlänge zur Wand. Der Rumpf wird mit anspannen der Bauchmuskulatur stabilisiert und der Blick ist gerade nach vorne gerichtet. Das Brustbein wird aufgerichtet und die Schultern hängen tief. Der Arm der nicht zu dehnende Seite wird in der Hüfte positioniert. Der Arm der zu dehnenden Seite wird auf Schulterhöhe mit angewinkeltem Oberarm (90°) an der Wand abgelegt, sodass der Unterarm vollkommen auf der Wand aufliegt.

Bewegungsablauf:
Die Dehnposition wird vorerst nur leicht eingenommen, indem der Oberkörper entgegen der Kontraktionsrichtung des M. pectoralis major leicht abgedreht wird. Anschließend wird der M. pectoralis major und M. deltoideus pars clavicularis für 6-10s langsam isometrisch kontrahiert und für 2-3s langsam entspannt bei gleichbleibender Position. Nach Entspannung wird die Dehnposition durch abdrehen des Oberkörpers weiter vergrößert, bis zu einem deutlich spürbaren Dehnreiz und für 15-20s statisch gehalten. Danach wird es noch einmal von vorne wiederholt, sodass 60s erreicht werden.
Ein Satz ist mit der Dehnung von linker und rechter Seite abgeschlossen.

Dehnung des Hüftbeugers im Halbkniestand

M. iliopsoas (Lendendarmbeinmuskel), M. rectus femoris (Gerader Oberschenkelmuskel)

| Dehnform: passiv | Arbeitsweise: dynamisch | Sätze: 3 | Dauer: 45s | Intensität: bis zur |
| | | | Pause: 45s | Dehngrenze |

Ausgangsstellung:
Die Ausgansstellung ist ein Halbkniestand, dazu wird der Unterschenkel der zu dehnenden Seite abgelegt, die andere Seite steht mit dem ganzen Fuß auf dem Boden. Auf dem vorderen Bein wird der Oberkörper zur Stabilisierung abgestützt. Der Rumpf wird mit anspannen der Bauchmuskulatur und Gefäßmuskulatur stabilisiert und der Blick ist gerade nach vorne gerichtet. Das Brustbein wird aufgerichtet und die Schultern hängen tief.

Bewegungsablauf:
Die Dehnposition wird durch Verlagerung des Körperschwerpunktes nach unten vorne und Absenkung des Beckens erreicht. Wichtig ist das der Oberkörper während der kompletten Bewegung aufrecht bleibt. Nach erreichen der Dehngrenze wird der Schwerpunkt wieder nach oben hinten verlagert und das ganze wiederholt.
Ein Satz ist mit der Dehnung von linker und rechter Seite abgeschlossen.

Dehnung des Hüftbeugers beidseitig im Knien
M. iliopsoas (Lendendarmbeinmuskel), M. rectus femoris (Gerader Oberschenkelmuskel), M. rectus abdominis (gerade Bauchmuskulatur)

Dehnform: passiv	Arbeitsweise: statisch	Sätze: 3	Dauer: 45s Pause: 45s	Intensität: bis zur Dehnschwelle

Ausgangsstellung:
Die Ausgangsstellung ist der Kniestand, das heißt beide Unterschenkel liegen flach auf dem Boden. Der Rumpf wird mit anspannen der Bauchmuskulatur und Gefäßmuskulatur stabilisiert und der Blick ist gerade nach vorne gerichtet. Das Brustbein wird aufgerichtet und die Schultern hängen tief.

Bewegungsablauf:
Die Dehnposition wird durch nach vorne schieben des Beckens und gleichzeitiges leichtes absenken des Körpers (Knieaufwärts) erreicht und an der Dehnschwelle gehalten. Zur besseren Stabilisation werden nun die Arme auf den Füßen abgestützt. Wichtig ist hierbei das der Oberkörper nicht in ein extremes Hohlkreuz gerät.

Dehnung der rückseitigen Oberschenkelmuskulatur in Rücklage
M. biceps femoris (zweiköpfiger Oberschenkelmuskel), M. semimembranosus (Plattsehnenmuskel), M. semitendinosus (Halbsehnenmuskel)

Dehnform: aktiv	Arbeitsweise: dynamisch	Sätze: 3	Dauer: 45s Pause: 45s	Intensität: bis zur Dehngrenze

Ausgangsstellung:
Die Ausgangsstellung ist die Rückenlage auf einer Gymnastikmatte. Das Bein der nicht zu dehnende Seite wird angewinkelten auf dem Boden platziert, das andere wird mit den Händen an der Oberschenkelrückseite gegriffen und gebeugt zum Oberkörper gezogen. Zur Stabilisierung des Beckens wird die Bauchmuskulatur angespannt.

Bewegungsablauf:
Die Dehnposition wird durch die vollständige Streckung des Knies erreicht und durch leichtes beugen wieder verlassen. Das Ganze wird abwechselnd wiederholt.
Ein Satz ist mit der Dehnung von linker und rechter Seite abgeschlossen.

Dehnung der Gesäßmuskulatur in Rücklage
M. gluteus maximus (großer Gesäßmuskel), M. gluteus media (mittlerer Gesäßmuskel), M. gluteus minimus (kleiner Gesäßmuskel)

Dehnform: passiv	Arbeitsweise: statisch	Sätze: 3	Dauer: 45s Pause: 45s	Intensität: bis zur Dehnschwelle

Ausgangsstellung:
Die Ausgangsstellung ist die Rückenlage auf einer Gymnastikmatte. Das Bein der nicht zu dehnende Seite wird angewinkelten auf dem Boden platziert, das andere Bein wird mit dem Unterschenkel auf den Oberschenkel des Stützbeines abgelegt.

Bewegungsablauf:
Die Dehnposition wird durch heranziehen des Stützbeines zum Oberkörper erreicht. Dabei umgreifen die Hände die Oberschenkelrückseite des Beines und ziehen es Richtung Oberkörper, der Unterschenkel hängt nach unten ab. Diese Position wird gehalten.
Ein Satz ist mit der Dehnung von linker und rechter Seite abgeschlossen.

Dehnung vorderseitiger Oberschenkelmuskel in Seitlage
M. quadriceps femoris (vierköpfiger Oberschenkelmuskel)

Dehnform: passiv	Arbeitsweise: postisometrisch	Sätze: 3	Dauer: 60s Pause: 60s	Intensität: maximale Bewegungsreichweite

Ausgangsstellung:
Die Ausgangsstellung ist die Seitlage, wobei der Kopf auf dem zu Boden gewandtem gestrecktem Arm aufliegt. Das Bein der zu dehnende Seite wird nun im Kniegelenk gebeugt und von der Hand des oberen Beines am Sprunggelenk umgriffen, während die Ferse zum Gesäß gezogen wird.

Bewegungsablauf:
Die Dehnposition wird vorerst nur leicht eingenommen, indem das Becken leicht gekippt wird (bis zur Dehnschwelle), die Oberschenkel jedoch parallel zueinander bleiben. Nun wird der M. quadriceps femoris langsam isometrisch für 6-10s kontrahiert, gefolgt von einer 2-3s Entspannungsphase (Keine Veränderung der Position). Nach der Entspannung wird durch weiteres kippen des Beckens die Dehnposition vergrößert, bis zu einem deutlich spürbaren Dehnreiz. Diese Position wird für 15-20s gehalten und noch einmal von vorne wiederholt bis die Dauer von 60s erreicht wurden.
Ein Satz ist mit der Dehnung von linker und rechter Seite abgeschlossen.

3.2 Begründung des Dehnprogrammes unter Bezugnahme der Personendaten aus Tabelle 1 und die Ergebnisse des Muskelfunktionstests aus Tabelle 3

Das Beweglichkeitstraining im Sinne eines Dehnprogrammes aus Tabelle 4 wird von dem Probanden als eigenständiges Training durchgeführt, d.h. weder als Aufwärmprogramm vor dem Krafttraining, noch als Cool Down nach dem Training. Viele Studien bewiesen, dass ein intensives statisches Dehnen vor einer sportlichen Belastung, also ein „Aufwärmen" als verletzungsfördernd bzw. kontraproduktiv für eine optimale Leistungsentfaltung darstellt (Begert & Dr. Hillebrecht, 2003; Kokkonen & Nelson, 1998; Prof. Dr. Wiemann & Dr. Klee, 2000). Ebenfalls gibt es keine fundierten Wissenschaftlichen Studien darüber, dass ein Dehntraining als „Cool Down" förderlich für die Muskelregeneration oder ähnliches ist. Ein allgemeines Aufwärmtraining (5-10min) vor Dehnstart ist jedoch Voraussetzung für das Training.

Der Trainingsplan richtet sich nach dem Minimalprogramm mit 2-3 Trainingseinheiten pro Woche, einer Serienanzahl von drei Sätzen und einer Dehndauer von ca. 45s (siehe Tabelle 3). Nach dem ILB-Grobraster wird der Proband als Fortgeschrittener hinsichtlich der Trainierbarkeit eingestuft, da er jedoch noch nie ein Dehntraining absolviert hat, steht er zwischen den Stufen Anfänger und Fortgeschrittener, sodass die Minimaldosis ausreicht um die Beweglichkeit zu verbessern und vorhandene Beweglichkeit sichert (Rancour, Holmes, & Cipriani, 2009). Ein Training unter dem Minimalprogramm, wäre höchstwahrscheinlich unwirksam (Franco, Signorelli, Tranjano, & De Oliveira, 2008). Ebenfalls passt es somit in den zeitlichen Verfügungsrahmen von 2-3-mal die Woche des Probanden.

Aufgrund der Trainingsmotive des Probanden wurde ein ganzheitliches Dehnprogramm zur Verbesserung der Beweglichkeit erstellt. Ebenso lag die Verbesserung der Rückenschmerzen im oberen Rücken und im LWS-Bereich im Fokus. Der Muskelfunktionstest nach Janda hatte ergeben das ein Bewegungsdefizit vor allem im M. iliopsoas und M. pectoralis major, weshalb hierauf in der Planung intensiver eingegangen wurde.

Durch die Berufliche Tätigkeit als Büroangestellter ist die Haltung des Probanden sehr nach vorne geneigt, weswegen vor allem Übungen zum Öffnen des Thorax und zum Entspannen des Nackens eingeplant wurden.

Die Arbeitsweise der Übungen wechselt zwischen dynamischer, statischer oder postisometrischer Dehnung und sorgt somit für Abwechslung.

Die aktiv-dynamischen Dehnübungen wurden so eigesetzt, dass sie auf weiterführende größere Bewegungsamplituden aufbauen (Freiwald, 2013, S. 286).

Die passiven Dehnübungen fördern neben der Beweglichkeit auch die reaktive Durchblutung und Kräftigung der agonistisch wirkenden Muskulatur (Freiwald, 2013, S. 291). Die Intensität richtet sich nach der Arbeitsweise, sodass bei einer statischen Dehnung lediglich bis zur Dehnschwelle, bei einer dynamischen bis zur Dehngrenze und bei der postisometrischen Dehnung die maximale Bewegungsreichweite gegangen wird (Schönthaler & Ohlendorf, 2002). Grund dafür ist das es dem Probanden noch nicht möglich ist eine statische Dehnung für 45s an der Dehngrenze auszuhalten. Das postisometrische Dehnen wurde nach Hohmann, Lames, & Letzelter (2002, S. 100) durchgeführt und hat den größten Effekt auf eine Verbesserung der Bewegungsamplitude (Schönthaler & Ohlendorf, 2002).

4 Trainingsplanung – Koordinationstraining

4.1 Makrozyklus propriozeptives Training

Die nachfolgende Tabelle beinhaltet ein propriozeptiven Trainingsplan, im Sinne eines Gleichgewichtstrainings. Ein propriozeptives Training beinhaltet die Gleichgewichtsfähigkeit sowie die Anpassungs- und Reaktionsfähigkeit (Häfelinger & Schuba, 2007, S. 21).

Tabelle 5: Trainingsplanung - Koordinationstraining im Sinne eines Gleichgewichtstrainings

Kurzer Fuß nach Janda		
Sätze: 1	Belastungsdauer: 30s	Satzpause: 60s
Ausgangsstellung: Die Ausgangsstellung ist ein Hüftbreiter stabiler Stand, optimalerweise ohne Schuhe bzw. Barfuß. Die Knie sind leicht gebeugt und das Brustbein ist aufgerichtet, sodass die Schultern leicht nach hinten ziehen und die Brust rausdrückt. Beide Füße werden gleichmäßig auf Ferse, Vorfuß und äußerem Fußrand belastet. **Bewegungsablauf:** Das Fußgewölbe wird aufgerichtet, indem der Großzehnballen, der Kleinzehnballen und die Fersenaußenkante belastet wird und somit den Abstand zwischen Vorfuß und Ferse verkürzt. Wichtig ist hierbei, dass die Zehen nicht in den Boden gekrallt werden, sondern nur das Fußgewölbe angespannt wird, sodass sich der Mittelfuß leicht hebt. Das Knie verläuft in Richtung zwischen dem Großzeh und dem zweiten Zeh. Diese Position wird für die angegebene Dauer statisch gehalten.		

Kurzer Fuß nach Janda mit geschlossenen Augen

Sätze: 1	Belastungsdauer: 30s	Satzpause: 60s

Ausgangsstellung:
Die Ausgangsstellung ist ein hüftbreiter stabiler Stand, optimalerweise ohne Schuhe bzw. Barfuß. Die Knie sind leicht gebeugt und das Brustbein ist aufgerichtet, sodass die Schultern leicht nach hinten ziehen und die Brust rausdrückt. Beide Füße werden gleichmäßig auf Ferse, Vorfuß und äußerem Fußrand belastet.

Bewegungsablauf:
Mit geschlossenen Augen wird das Fußgewölbe aufgerichtet, indem der Großzehenballen, der Kleinzehenballen und die Fersenaußenkante belastet wird und somit den Abstand zwischen Vorfuß und Ferse verkürzt. Wichtig ist hierbei, dass die Zehen nicht in den Boden gekrallt werden, sondern nur das Fußgewölbe angespannt wird, sodass sich der Mittelfuß leicht hebt. Das Knie verläuft in Richtung zwischen dem Großzeh und dem zweiten Zeh. Diese Position wird für die angegebene Dauer statisch gehalten.

Kurzer Fuß nach Janda auf einer instabilen Unterlage (hier Bosu-Ball)

Sätze: 1	Belastungsdauer: 30s	Satzpause: 60s

Ausgangsstellung:
Die Ausgangsstellung ist ein hüftbreiter stabiler Stand, optimalerweise ohne Schuhe bzw. Barfuß auf einer instabilen Unterlage. Dazu wird hier ein „Bosu-Ball" genommen. Die Knie sind leicht gebeugt und das Brustbein ist aufgerichtet, sodass die Schultern leicht nach hinten ziehen und die Brust rausdrückt. Beide Füße werden gleichmäßig auf Ferse, Vorfuß und äußerem Fußrand belastet.

Bewegungsablauf:
Das Fußgewölbe wird aufgerichtet, indem der Großzehenballen, der Kleinzehenballen und die Fersenaußenkante belastet wird und somit den Abstand zwischen Vorfuß und Ferse verkürzt. Wichtig ist hierbei, dass die Zehen nicht in den Boden gekrallt werden, sondern nur das Fußgewölbe angespannt wird, sodass sich der Mittelfuß leicht hebt. Das Knie verläuft in Richtung zwischen dem Großzeh und dem zweiten Zeh. Diese Position wird für die angegebene Dauer statisch gehalten.

Kurzer Fuß nach Janda auf einer instabilen Unterlage (hier Bosu-Ball) mit geschlossenen Augen

Sätze: 1	Belastungsdauer: 30s	Satzpause: 60s

Ausgangsstellung:
Die Ausgangsstellung ist ein hüftbreiter stabiler Stand, optimalerweise ohne Schuhe bzw. Barfuß auf einer instabilen Unterlage. Dazu wird hier ein „Bosu-Ball" genommen. Die Knie sind leicht gebeugt und das Brustbein ist aufgerichtet, sodass die Schultern leicht nach hinten ziehen und die Brust rausdrückt. Beide Füße werden gleichmäßig auf Ferse, Vorfuß und äußerem Fußrand belastet.

Bewegungsablauf:
Mit geschlossenen Augen wird das Fußgewölbe aufgerichtet, indem der Großzehenballen, der Kleinzehenballen und die Fersenaußenkante belastet wird und somit den Abstand zwischen Vorfuß und Ferse verkürzt. Wichtig ist hierbei, dass die Zehen nicht in den Boden gekrallt werden, sondern nur das Fußgewölbe angespannt wird, sodass sich der Mittelfuß leicht hebt. Das Knie verläuft in Richtung zwischen dem Großzeh und dem zweiten Zeh. Diese Position wird für die angegebene Dauer statisch gehalten.

Kurzer Fuß nach Janda auf einer instabilen Unterlage (hier Bosu-Ball) und fangen eines Balles mit beiden Händen auf Ansage des Trainers

Sätze: 1	Belastungsdauer: 30s	Satzpause: 60s

Ausgangsstellung:
Die Ausgangsstellung ist ein hüftbreiter stabiler Stand, optimalerweise ohne Schuhe bzw. Barfuß auf einer instabilen Unterlage. Dazu wird hier ein „Bosu-Ball" genommen. Die Knie sind leicht gebeugt und das Brustbein ist aufgerichtet, sodass die Schultern leicht nach hinten ziehen und die Brust rausdrückt. Beide Füße werden gleichmäßig auf Ferse, Vorfuß und äußerem Fußrand belastet.

Bewegungsablauf:
Das Fußgewölbe wird aufgerichtet, indem der Großzehenballen, der Kleinzehenballen und die Fersenaußenkante belastet wird und somit den Abstand zwischen Vorfuß und Ferse verkürzt. Wichtig ist hierbei, dass die Zehen nicht in den Boden gekrallt werden, sondern nur das Fußgewölbe angespannt wird, sodass sich der Mittelfuß leicht hebt. Das Knie verläuft in Richtung zwischen dem Großzeh und dem zweiten Zeh. Diese Position wird für die angegebene Dauer statisch gehalten. Dabei wirft der Trainer auf Ansage einen Ball auf den Probanden, der mit beiden Händen gefangen und wieder zurückgeworfen werden muss.

Kurzer Fuß nach Janda auf einer instabilen Unterlage (hier Bosu-Ball) und fangen eines Balles mit beiden Häden auf Ansage des Trainers mit geschlossenen Augen

Sätze: 1	Belastungsdauer: 30s	Satzpause: 60s

Ausgangsstellung:
Die Ausgangsstellung ist ein hüftbreiter stabiler Stand, optimalerweise ohne Schuhe bzw. Barfuß auf einer instabilen Unterlage. Dazu wird hier ein „Bosu-Ball" genommen. Die Knie sind leicht gebeugt und das Brustbein ist aufgerichtet, sodass die Schultern leicht nach hinten ziehen und die Brust rausdrückt. Beide Füße werden gleichmäßig auf Ferse, Vorfuß und äußerem Fußrand belastet.

Bewegungsablauf:
Mit geschlossenen Augen wird das Fußgewölbe aufgerichtet, indem der Großzehenballen, der Kleinzehenballen und die Fersenaußenkante belastet wird und somit den Abstand zwischen Vorfuß und Ferse verkürzt. Wichtig ist hierbei, dass die Zehen nicht in den Boden gekrallt werden, sondern nur das Fußgewölbe angespannt wird, sodass sich der Mittelfuß leicht hebt. Das Knie verläuft in Richtung zwischen dem Großzeh und dem zweiten Zeh. Diese Position wird für die angegebene Dauer statisch gehalten. Dabei wirft der Trainer auf Ansage einen Ball auf den Probanden, der mit beiden Händen gefangen und wieder zurückgeworfen werden muss.

Kniebeuge auf einer instabilen Unterlage (hier Bosu-Ball)

Sätze: 1	Belastungsdauer: 10-15 Wiederholungen	Satzpause: 60s

Ausgangsstellung:
Die Ausgangsstellung ist ein aufrechter hüftbreiter Stand mit gestrecktem Hüft- und Kniegelenk auf einer instabilen Unterlage (hier „Bosu-Ball"). Die Schultern werden nach hinten unten gezogen und das Brustbein richtet sich auf. Der Rücken wird über die physiologische Lendenlordose stabilisiert. Die Arme hängen seitlich neben dem Körper.

Bewegungsablauf:
Das Knie- und Hüftgelenk wird über die maximal mögliche Bewegungsamplitude exzentrisch gebeugt, soweit wie eine stabile physiologische Lendenlordose gewährleistet werden kann. Dabei werden die Arme nach vorne gestreckt. Wichtig ist hierbei das der Rücken über die komplette Bewegung gerade bleibt. Anschließend erfolgt eine kontrollierte Streckung der Knie- und Hüftgelenke bis zurück in die Ausgangsstellung.

Kniebeuge auf einer instabilen Unterlage (hier Bosu-Ball) mit geschlossenen Augen

Sätze: 1	Belastungsdauer: 10-15 Wiederholungen	Satzpause: 60s

Ausgangsstellung:
Die Ausgangsstellung ist ein aufrechter hüftbreiter Stand mit gestrecktem Hüft- und Kniegelenk auf einer instabilen Unterlage (hier „Bosu-Ball"). Die Schultern werden nach hinten unten gezogen und das Brustbein richtet sich auf. Der Rücken wird über die physiologische Lendenlordose stabilisiert. Die Arme hängen seitlich neben dem Körper.

Bewegungsablauf:
Das Knie- und Hüftgelenk wird mit geschlossenen Augen über die maximal mögliche Bewegungsamplitude exzentrisch gebeugt, soweit wie eine stabile physiologische Lendenlordose gewährleistet werden kann. Dabei werden die Arme nach vorne gestreckt. Wichtig ist hierbei das der Rücken über die komplette Bewegung gerade bleibt. Anschließend erfolgt eine kontrollierte Streckung der Knie- und Hüftgelenke bis zurück in die Ausgangsstellung.

Kniebeuge auf einer instabilen Unterlage (hier Bosu-Ball) und fangen eines Balles an der tiefsten Position mit beiden Händen

Sätze: 1	Belastungsdauer: 10-15 Wiederholungen	Satzpause: 60s

Ausgangsstellung:
Die Ausgangsstellung ist ein aufrechter hüftbreiter Stand mit gestrecktem Hüft- und Kniegelenk auf einer instabilen Unterlage (hier „Bosu-Ball"). Die Schultern werden nach hinten unten gezogen und das Brustbein richtet sich auf. Der Rücken wird über die physiologische Lendenlordose stabilisiert. Die Arme hängen seitlich neben dem Körper.

Bewegungsablauf:
Das Knie- und Hüftgelenk wird mit geschlossenen Augen über die maximal mögliche Bewegungsamplitude exzentrisch gebeugt, soweit wie eine stabile physiologische Lendenlordose gewährleistet werden kann. Dabei werden die Arme nach vorne gestreckt und ein Ball muss mit beiden Händen gefangen werden. Wichtig ist hierbei das der Rücken über die komplette Bewegung gerade bleibt. Anschließend erfolgt eine kontrollierte Streckung der Knie- und Hüftgelenke bis zurück in die Ausgangsstellung, in der der Ball zurückgeworfen wird.

Kniebeuge auf einer instabilen Unterlage (hier Bosu-Ball) und fangen eines Balles auf Ansage des Trainers mit einer Hand		
Sätze: 1	Belastungsdauer: 10-15 Wiederholungen	Satzpause: 60s

Ausgangsstellung:
Die Ausgangsstellung ist ein aufrechter hüftbreiter Stand mit gestrecktem Hüft- und Kniegelenk auf einer instabilen Unterlage (hier „Bosu-Ball"). Die Schultern werden nach hinten unten gezogen und das Brustbein richtet sich auf. Der Rücken wird über die physiologische Lendenlordose stabilisiert. Die Arme hängen seitlich neben dem Körper.

Bewegungsablauf:
Das Knie- und Hüftgelenk wird mit geschlossenen Augen über die maximal mögliche Bewegungsamplitude exzentrisch gebeugt, soweit wie eine stabile physiologische Lendenlordose gewährleistet werden kann. Wichtig ist hierbei das der Rücken über die komplette Bewegung gerade bleibt. Anschließend erfolgt eine kontrollierte Streckung der Knie- und Hüftgelenke bis zurück in die Ausgangsstellung. Während der Ausführung wird der Ball vom Trainer mit Ansage „rechts" oder „links" geworfen und von der ausführenden Person mit der jeweiligen Hand gefangen und wieder zurückgeworfen.

4.2 Detaillierte Begründung des Makrozyklus unter Bezugnahme der Personendaten aus Tabelle 1

Das propriozeptive Training aus Tabelle 5 wird von dem Probanden vor seinem Kraft-/Ausdauertraining 2-mal die Woche durchgeführt, denn der wichtigste Grundsatz des propriozeptiven Trainings ist die Sicherung der Qualität einer Bewegungsausführung. Somit ist ein ausgeruhter und ermüdungsfreier Zustand, um konzentriert an die Aufgaben ranzugehen unerlässlich. Aber auch vor dem propriozeptiven Training sollte ein allgemeines aufwärmen von 5-10min erfolgen. Die Belastungsdauer sowie die Satzanzahl resultierte aus dem Training mit dem Probanden und wurde über das subjektive Empfinden des Kunden bestimmt. Eine Übung wurde abgebrochen sobald die Konzentration und/oder die Bewegungsqualität nachgelassen hatte. Die Pausendauer von 60s gewährleistet dem Probanden eine ausreichende Regeneration (Chiwilkowski, 2006, S. 60-62; Häfelinger & Schuba, 2007, S. 61).

In der Trainingsplanung wurden folgende methodische Maßnahmen zur Progression der Belastung durchgeführt (Chiwilkowski, 2006, S. 56-58):

- Von leichten zu schwierigeren Bewegungsaufgaben: Angefangen wird mit dem kurzen Fuß von Janda, welcher erste Erfolgserlebnisse schaffen soll und Misserfolge vermeiden. Auf dieser Übung wird dann aufgebaut, was den motorischen Lernprozess begünstigt.

- Von einfachen zu komplexen Anforderungen: Es werden langsam komplexe Zusatzaufgaben, wie z.B. fangen eines Balles auf Kommando eingebaut, um so das reflektorische Stabilisationsvermögen, durch Ablenkung zu verbessern.

- Zuerst statische, dann dynamische Ausführungen: Zuerst werden statische Halte-übungen (kurzer Fuß von Janda) durchgeführt und zunehmend dynamischer ausgeführt, um die Koordination zu verbessern.

- Von stabiler Unterlage zur instabilen: Die Übungen werden durch die Veränderung der Unterlage, von stabil zu instabil im Schwierigkeitsgrad gesteigert.

- Von geöffneten Augen zu geschlossenen: Alle Übungen werden zuerst mit geöffneten Augen durchgeführt und danach mit geschlossenen wiederholt. Durch Wegfall der optischen Raumorientierung wir die Tiefensensibilität geschult.

Auch auf das Trainingsmotiv des Kunden, die Stabilisierung des Kniegelenkes wurde innerhalb des propriozeptiven Trainings drauf eingegangen. Da die Kniebeuge für den Probanden keine neue Übung ist wurde sich auf einer instabilen Unterlage („Bosu-Ball") verlegt. Diese fördert die intermuskuläre Koordination zwischen Agonist und Antagonist und hilft somit die physiologische Gelenkstellung zu stabilisieren (Häfelinger & Schuba, 2007, S. 24).

5 Literaturrecherche

Die Literaturrecherche zu dem Thema „Effekte des Dehnens im Hinblick auf eine Verletzungsprophylaxe" wird in der nachstehenden Tabelle anhand zweier wissenschaftlichen Studien näher geschildert.

Tabelle 6: Literaturrecherche zum Thema "Effekte des Dehnens im Hinblick auf eine Verletzungsprophylaxe"

Titel der Studie	
„Prevention of running injuries by warm-up, cool-down, and stretching exercises."	"A randomized trial of preexercise stretching for prevention of lower-limb injury."
Wer führte die Studie durch?	
Mechelen van, Hlobil, Kemper, Voorn, & de Jongh (1993)	Pope, Herbert, Kirwan, & Graham (2000)
In welchem Jahr wurde die Studie durchgeführt?	
1993	2000
Mit welchen Versuchspersonen wurden die Studien durchgeführt?	
- 421 männliche Freizeitläufer im gleichen Alter, gleicher wöchentlicher Laufdistanz und gleichem Allgemeinem Wissen, wie man Sportverletzungen vorbeugen kann	- 1538 männliche Armee Rekruten wurden zufällig ausgewählt

Wie sah der Versuchsaufbau der Studie aus?	
- Die Studie möchte zeigen, ob ein Aufwärmen, Cool-Down und dehnen ein Verletzungsrisiko bei Läufern verringert - Die Freizeitläufer wurden zufällig in zwei Gruppen aufgeteilt, 167 Testpersonen waren in der Kontrollgruppe, 159 in der Interventionsgruppe - Beide Gruppen mussten über den Zeitraum von 16 Wochen ein tägliches Tagebuch über: Laufdistanz, Zeit und auftretenden Verletzungen führen - Die Interventionsgruppe wurde ebenfalls darauf angehalten sich an das Standardsierte Programm zu halten und dieses ebenfalls zu notieren	- Die Studie möchte zeigen, ob ein dehnen vor Körperlicher Belastung zu einem geringeren Verletzungsrisiko des unteren Körpers führt - Die männlichen Rekruten wurden zufällig in zwei Gruppen aufgeteilt, die Dehngruppe und die Kontrollgruppe - Über einen Zeitraum von 12 Wochen vollzogen beide Gruppen ein allgemeines Aufwärmprogramm vor jedem Krafttraining - Lediglich die Dehngruppe führte einen Satz á 20s statisches Dehnen für die sechs Hauptmuskelgruppen während des Aufwärmens durch
Welche relevanten Ergebnisse und Schlussfolgerungen lieferten die Studien?	
- Am Ende der 16-wöchigen Studie wurden alle Tagbücher ausgewertet - Die Kontrollgruppe hatte 23 Verletzungen, die Interventionsgruppe 26 - Somit hatte die Kontrollgruppe 4,9 Verletzungen alle 1000 Stunden, die Interventionsgruppe 5,5 Verletzungen alle 1000 Stunden - Die Interventionsgruppe konnte somit das Verletzungsrisiko mithilfe des standardisierten Programms nicht senken - Kritisch zu betrachten ist jedoch das die vorgegebenen Parameter, wie z.B. Länge der Distanz oder Beschaffenheit der Laufstrecke gefehlt haben. Sicherich verletzt sich ein Läufer der steinigen Waldwege auf und ab läuft häufiger als jemand der nur in der Stadt gerade geteerte Strecken läuft - Ebenso wurde kein Medizinisches Gutachten der Testpersonen vor Studienbeginn gemacht bzw. Gesundheitliche Vorgeschichten berücksichtigt und somit kann es zu verfälschten Ergebnissen kommen	- Am Ende der 12-wöchigen Studie wurden 333 Verletzungen im unteren Körperbereich dokumentiert, darunter 214 Verletzungen des „weichen Gewebes" - Die Dehngruppe hatte 158 Verletzungen, die Kontrollgruppe 175 - Das Dehnprogramm während des Aufwärmtrainings führte bei den Rekruten der Armee zu keiner klinisch bedeutsamen Verringerung sportbedingter Verletzungen - Kritisch zu betrachten ist jedoch, dass die Versuchspersonen weder nach Alter, Körperlicher Zustand oder Gesundheitliche Vorgeschichten bestimmt wurden, somit sind die zwei Gruppen nur schwer Vergleichbar, da z.B. in einer Gruppe mehr Personen mit höherem Verletzungsrisiko sein konnten - Ebenfalls wurden in der Dehngruppe nur ein Satz á 20s zu jeder Muskelgruppe des Beines vollzogen, jedoch nicht in welcher Arbeitsweise, Intensität und mit welcher Pausenzeit - Auch was für ein Krafttraining die Rekruten im Anschluss vollzogen haben, wird in der Studie nicht näher erläutert

6 Literaturverzeichnis

Begert, B., & Dr. Hillebrecht, M. (2003). Einfluss unterschiedlicher Dehntechniken auf die reaktive Leistungsfähigkeit. *Spectrum der Sportwissenschaften, 15*(1), S. 6-25.

Bixler, B., & Jones, R. L. (1992). High-school football injuries: effects of a post-halftime warmup and stretching routine. *Family Practice Research Journal, 12,* 131-139.

Chiwilkowski, C. (2006). *Medizinisches Koordinationstraining - Verbesserung der Haltungs- und Bewegungskoordination durch Propriozeption* (2. Ausg.). Köln: Deutscher Trainer Verlag.

Franco, B. L., Signorelli, G. R., Tranjano, G. S., & De Oliveira, C. (2008). Acute effects of different strechting exercises on muscular endurance. *Journal of Strenght and Conditioning Research, 22*(6), S. 1832-1837.

Freiwald, J. (2013). *Optimales Dehnen: Sport – Prävention – Rehabilitation* (2. Ausg.). Balingen: Spitta-Verlag.

Gallangher et al., D. (2000). Healthy percentage body fat ranges: an approach for developing guidelines based on body mass index. *American Journal of Clinical Nutrition, 72,* 694-701.

Häfelinger, U., & Schuba, V. (2007). *Koordinationstherapie - propriozeptives Training* (3. Ausg.). Aachen: Meyer & Meyer.

Hohmann, J. R., Lames, M., & Letzelter, M. (2002). *Einführung in die Trainingswissenschaft* (2. Ausg.). Wiebelsheim: Limpert.

Janda, V. (2000). *Manuelle Muskelfunktionsdiagnostik* (4. Aufl. Ausg.). München: Urban & Fischer Verlag.

Kempf, H.-D. (Hrsg.). (2014). *Funktionelles Training mit Hand- und Kleingeräten.* Berlin: Springer-Verlag.

Kokkonen, J., & Nelson, A. G. (Dezember 1998). Acute Muscle Stretching Inhibits Maximal Strength Performance. *Research quarterly for exercise and sport, 69*(4), S. 411-415.

Mechelen van, W., Hlobil, H., Kemper, H. C., Voorn, W. J., & de Jongh , H. R. (1993). Prevention of running injuries by warm-up, cool-down, and stretching exercises. *American Journal of Sports Medicine, 21*(5), 711-719.

Pope, R. P., Herbert, R. D., Kirwan, J. D., & Graham, B. J. (2000). A randomised trial of preexercise stretching for prevention of lower-limb injury. *Medicine and Science in Sports and Exercise, 32*(2), 271-277.

Prof. Dr. Wiemann, K., & Dr. Klee, A. (2000). Die Bedeutung von Dehnen und Stretching in der Aufwärmphase vor Höchstleistungen. *Leistungssport, 30*(4), S. 5-9.

Rancour, J., Holmes, C. F., & Cipriani, D. J. (2009). The effects of intermittent stretching following a 4-week static stretching protocol: a randomized trial. *Journal of Strenght and Conditioning Research, 23*(8), S. 2217-2222.

Schönthaler, S. R., & Ohlendorf, K. (2002). *Biomechanische und neurophysiologische Veränderungen nach ein- und mehrfach seriellem passiv-statischem Beweglichkeitstraining.* Köln: Sport und Buch Strauß.

7   Abbildungs- und Tabellenverzeichnis

7.1   Tabellenverzeichnis